Patrick Zacharuk

CRÉER AVEC LES VÉGÉTAUX

Paysages Miniatures

Éditions Didier CARPENTIER

Malgré leur apparence fragile, les paysages miniatures
présentés dans ce livre se conservent très bien.
Ils ne craignent en réalité que la lumière solaire (celle-ci finirait par les décolorer)
et l'humidité excessive qui occasionne des moisissures.

Ces compositions sont donc idéales
pour décorer tous les endroits sombres des maisons et donner un attrait de verdure
là où les plantes les plus rustiques ne peuvent résister.

Pour profiter pleinement du charme de ces paysages,
le mieux est de les exposer sur des supports fixés en applique
dans les angles ou contre les murs et de les éclairer en disposant à 30 cm au-dessus,
une petite lampe équipée d'une ampoule de 25 W,
ce qui permet d'obtenir ainsi un éclairage d'ambiance.

Vous pouvez également concevoir un décor de fond en papier découpé,
pour reconstituer un environnement, comme cela est proposé dans certaines photographies
de cet ouvrage.

Sommaire

Conseils généraux

La matière première

Les habitations

Le montage des arbres

Chapitre I *Modèles composés de coussinets de mousse ou de lichen denses et compacts*

Chapitre II *Modèles composés de tiges de mousses teintes*

1
2
3
4
5
13
14
12
11
18
19
20
A
B
C
D
E

7
9
10
6
8
15
16
17
22
21
23
24

G
H
I
J
K
L

Conseils généraux

Le matériel à prévoir pour la réalisation des modèles est ordinaire, et la dépense qu'il représente est extrêmement réduite

Le socle

Le mieux pour constituer le socle est d'utiliser de fines chutes de bois ou des écorces très plates. Il est facile de s'en procurer dans les scieries ou chez les menuisiers ; vous pouvez aussi utiliser une pierre plate et peu épaisse.

Le collage

Utilisez de la colle épaisse, transparente, universelle, à prise rapide (en vente dans toutes les papeteries). Cette colle permet de positionner facilement et immédiatement les éléments ne comportant pas d'appui. Pour un collage précis, nettoyez régulièrement l'embout du tube, à l'aide de papier absorbant.

La fixation

Assurez-vous que les végétaux sont parfaitement secs. S'ils sont encore humides, accélérez le séchage à l'aide d'un ventilateur ou posez-les à proximité d'un radiateur. Débarrassez ensuite les végétaux de la couche d'humus sur laquelle ils se sont fixés, en frottant délicatement la partie terreuse contre une petite planche ou une pierre plate.

La teinture

Prévoyez une petite bassine, une petite passoire, une paire de gants en caoutchouc, de l'eau de javel pure et du papier absorbant. Choisissez quatre couleurs de base (jaune, rouge, vert et marron) parmi la gamme courante des teintures en poudre pour tissus, conditionnées en tube de 15 g.
Tous ces articles sont vendus dans les drogueries et dans les quincailleries.

Le découpage

Le découpage des tiges et des tapis de mousses, se fait à l'aide d'une petite paire de ciseaux.

Le tri et le nettoyage

Triez et nettoyez les différentes espèces de mousses en séparant une à une les tiges de leurs coussins et conservez uniquement les tiges les plus ramifiées et les plus feuillues.

La coloration

Vous pouvez obtenir une décoloration naturelle des mousses en les exposant au soleil quelques jours. Si vous manquez de temps, ou de soleil, décolorez les mousses en les trempant pendant 5 à 10 minutes dans 1/4 de litre d'eau de javel pure et rincez-les abondamment sous l'eau du robinet.
Vous obtiendrez des tons vifs en diluant cinq à dix pincées de teinture en poudre dans 1/4 de litre d'eau chaude, puis laissez tremper les tiges pendant une minute. Vous obtiendrez des tons pastel en diluant deux à trois pincées de teinture en poudre dans 1/4 de litre d'eau.

Le séchage

Égouttez les mousses dans la petite passoire. Posez-les sur du papier absorbant en dispersant largement les tiges et laissez-les sécher auprès d'un radiateur.

LÉGENDES DES PAGES 6 ET 7

• Mousses et lichens

- Coussinets de mousse commune : 1-2-3-11-12-18-19
- Thuidium Tamariscinum : 4
- Famille des cladonias : 5-6-7-8-15
- Evernia prunastri : 9
- Ramalina : 10
- Eurhynchiun striatum : 13
- Hylocomium splendens : 14
- Sticta : 16
- Pseudevernia : 17
- Abietinella abietina : 20
- Famille des peltigera : 21-22
- Famille des parmelia et des physcia : 23
- Physcia : 24

• Troncs morts de sous-arbrisseaux

- Genêt : E-F
- Bruyère : D-K
- Buis : G-I
- Lavande : C-J
- Romarin : A-L
- Thym : B-H

La matière première

Quand et où rechercher les éléments ?

Les mousses et les lichens abondent toute l'année sur les sites mi-ombragés. Ces végétaux s'installent tout particulièrement aux lisières des chemins forestiers et dans les bois clairsemés. Ils se développent sur les sols, les vieux murs, les rochers, les racines, les troncs et les branches d'arbres et d'arbustes. Les troncs, les vieilles souches mortes de nombreuses espèces d'arbrisseaux et sous-arbrisseaux n'offrent que l'embarras du choix. Vous trouverez ces troncs sinueux et bien ramifiés sur les talus pierreux et sur les bordures des chemins où les sols y sont très tassés.

Matériel utile pour ramasser ces éléments

Prévoyez un sécateur pour couper les troncs, ainsi qu'un sac en plastique pour le ramassage des végétaux. Il est également possible de vous munir de documentation botanique pour enrichir et compléter votre activité de découverte en identifiant facilement ces végétaux.

Nota : lorsque vous prélevez les espèces de mousses ou de lichens, choisissez uniquement les espèces à végétation dense et compacte qui se détachent facilement de leur support et dont les tapis ou les coussins sont très serrés et résistants au déchirement.

Les végétaux à prélever

Végétation des cyprés
Choisissez de fins tapis de mousse dense et souple parmi les nombreuses espèces à petite végétation rampante et tapissante. Ces mousses se développent sur une couche très fine de substrat (décomposition de débris organiques) et se fixent sur les vieux murs, les rochers et les troncs d'arbres. La végétation des cyprès peut aussi être réalisée avec des tiges de mousses découpées.

Végétation des arbres ramifiés
Choisissez des coussinets de mousse ou de lichen compacts et fermes aux formes plus ou moins sphériques et de tailles décroissantes. Ces coussinets de mousse ou de lichen se développent principalement sur les sols et les rochers, qui sont recouverts de vieilles couches de substrat bien décomposé et très tassé.

Arbres composés de tiges de mousse découpées
Prélevez uniquement des longues tiges de mousse bien ramifiées et très feuillues parmi les plus beaux coussins.
Ces espèces de mousse se développent en coussins denses et laches sur les sols riches en humus et envahissent souvent de très larges surfaces.

Le choix des troncs

Troncs droits
Choisissez des brindilles résistantes et bien droites parmi les ramifications des branches mortes de pin, de sapin, de cèdre ou de genêt.

Troncs ramifiés
Choisissez de préférence des troncs sinueux et bien ramifiés parmi les souches mortes de bruyère, de buis, de genêt, de thym, de romarin ou de lavande.

Végétation des sols
Choisissez pour planter les arbres d'épais coussins de mousse très compacts et fermes. Les coussins les plus compacts se forment surtout aux endroits les plus ensoleillés et se développent essentiellement sur des vieilles couches de substrat bien tassé.

Varier la végétation herbeuse
Prélevez des coussinets de mousse d'espèces différentes aux couleurs contrastées et aux tailles décroissantes.

Végétation buissonneuse
Choisissez des lichens de tailles décroissantes parmi les nombreuses espèces de cladonias qui se développent sur les sols humifères ou parmi les espèces d'evernia ou pseudevernia qui se fixent sur les ramifications des branches des arbres et des arbustes.

Les habitations

Modèles en Cyporex

Maisons sculptées
Récupérez des chutes de Cyporex peu épaisses dans un magasin de matériaux de construction.

Portes et volets
Choisissez des lattes de bois très fines, ou des feuilles mortes très sombres et très épaisses.

Toitures et murs
Pour les toitures en ardoise ou les murs aux pierres apparentes, choisissez de très fines strates de schiste ou de fines chutes d'écorces, ou encore des feuilles très sombres et très épaisses.

Teinture des maisons
Utilisez des teintures pour tissu. Appliquez-les à l'aide d'un petit pinceau.

Découpage du Cyporex
Utilisez une scie à métaux et un guide d'encadreur.

Sculpture des portes et des fenêtres
Exécutez ces opérations avec un petit tournevis d'électricien.

Culture en terrasse *(pages 58/59)*

Le mas *(pages 52/53)*

Le refuge montagnard *(pages 56/57)*

Modèles en papier

La chaumière normande

(modèle photographié en pages 60/61)

Murs et toit
Découpez tous les éléments dans du papier de 0,5 mm d'épaisseur en vous reportant au plan ci-dessous. Pliez et collez.

Colombage et barrière
Confectionnez-les dans des morceaux d'allumettes naturelles ou préalablement teintées au brou de noix.
Fixez ces éléments en partant de la base de la façade.
Découpez les autres éléments de décoration et d'habillage dans du balsa. Habillez ainsi les 4 côtés.

Porte et fenêtres
Découpez des petits morceaux de carton, collez-les aux emplacements choisis.

Couverture en chaume
Utilisez pour sa construction, de petits épis de graminées et répartissez-les régulièrement dans le sens de la pente du toit.

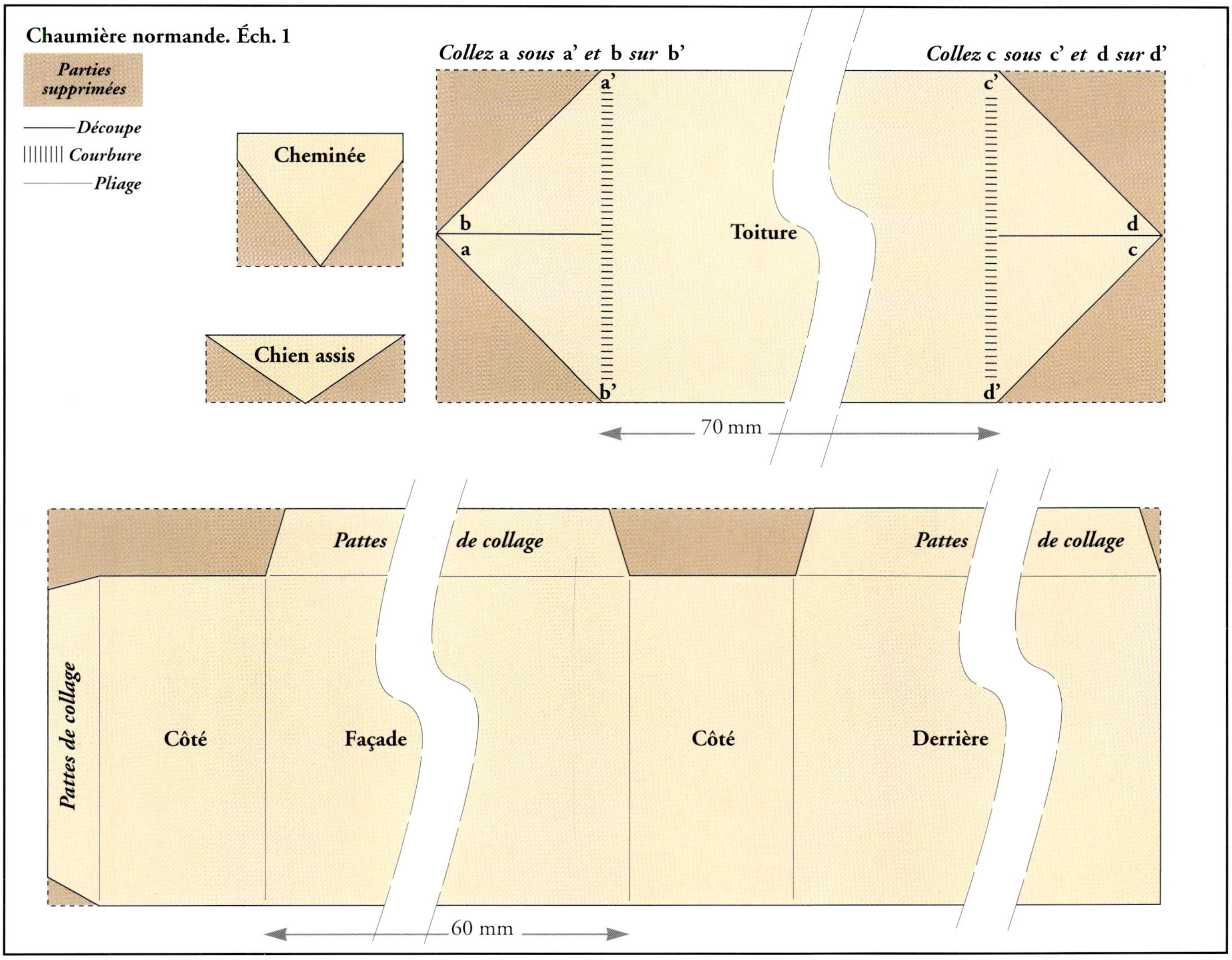

Le montage des arbres

Modèles composés de coussinets de mousse ou de lichen et de petits troncs droits

(exemple proposé : le cyprès)

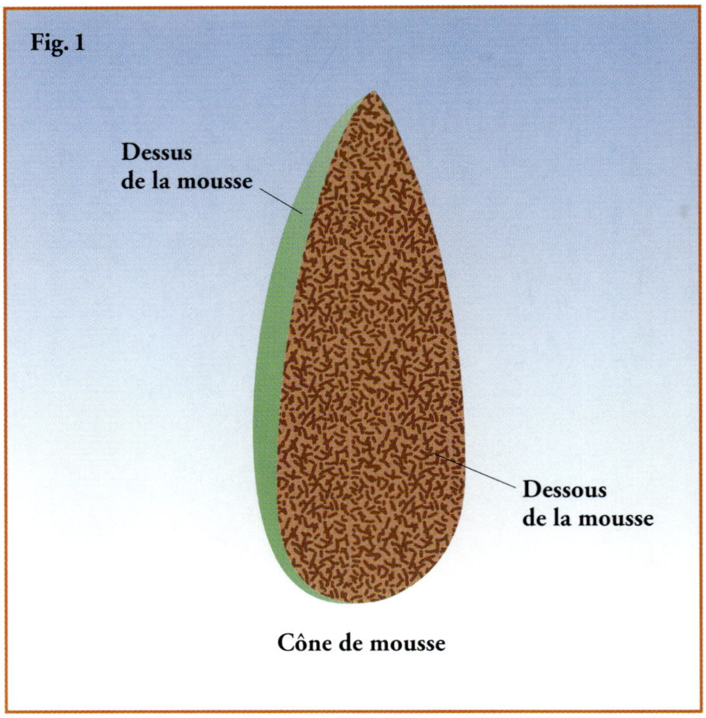

Végétation
Découpez la mousse en lui donnant une forme élancée et retournez-la à l'envers (côté sombre de la mousse, *fig. 1*) sur le plan de travail.

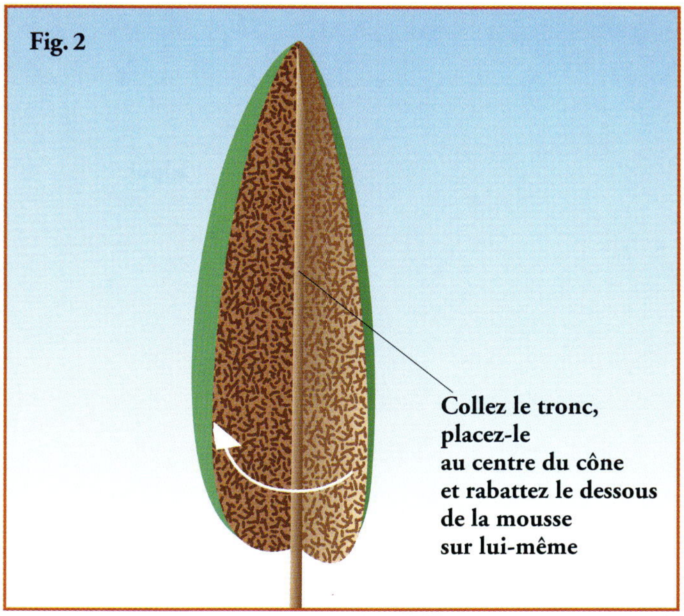

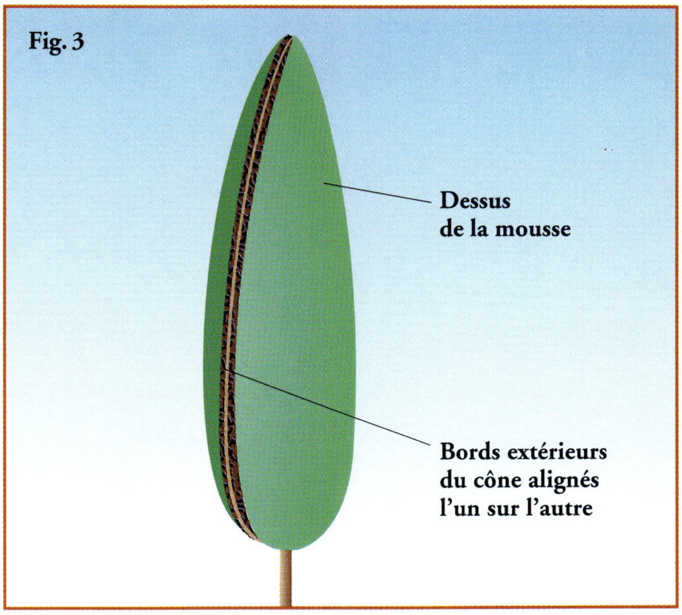

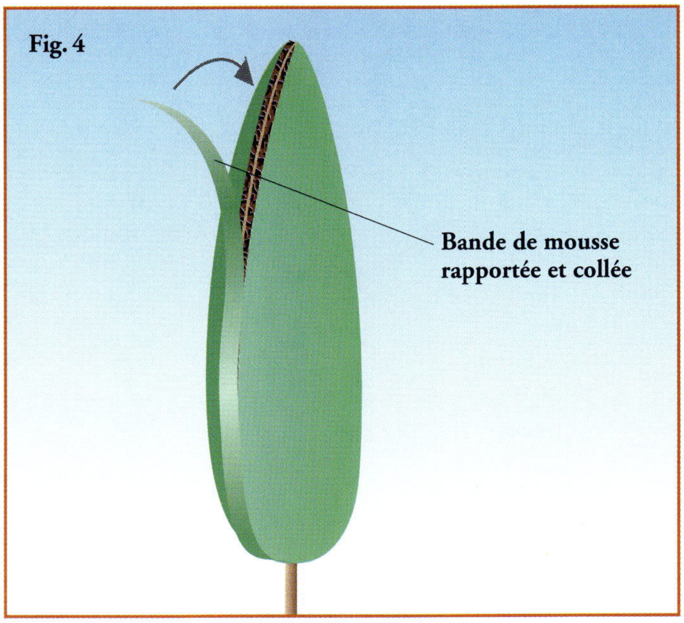

Assemblage

Enduisez de colle les 3/4 de la longueur d'un tronc bien droit et positionnez la partie encollée au centre du tapis conique *(fig. 2)*.
Repliez sur elle-même la partie encollée du tapis, en emprisonnant le tronc *(fig. 2 et 3)*.

Jointure des bords

Déposez un filet de colle sur l'une des tranches du tapis de mousse et reliez les bords en les pinçant entre le pouce et l'index *(fig. 4)*.

Finition

Modelez la mousse en pressant légèrement le tapis avant de le fixer harmonieusement sur le tronc, ce qui donnera ainsi à l'arbre, une belle forme conique.

Fig. 1

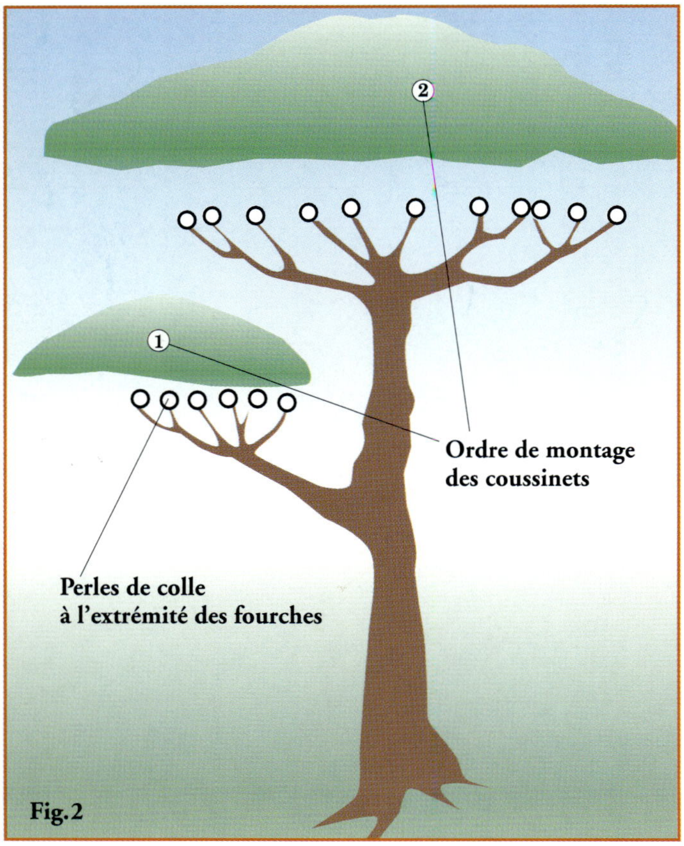

Fig. 2

Modèles composés de coussinets de mousse ou de lichen et de petits troncs ramifiés

Assemblage

Équilibrez la charpente des troncs en supprimant horizontalement à l'aide du sécateur, toutes les ramifications secondaires à 5 mm des branches maîtresses et conservez les 3/4 de tronc pour 1/4 de branchage *(fig. 1)*.
Fixez la végétation, en déposant de petites perles de colle sur chaque extrémité des ramifications.
Positionnez harmonieusement les coussinets, en les enfonçant sur l'extrémité des branches et laissez sécher l'ensemble pendant 15 mn *(fig. 2)*.

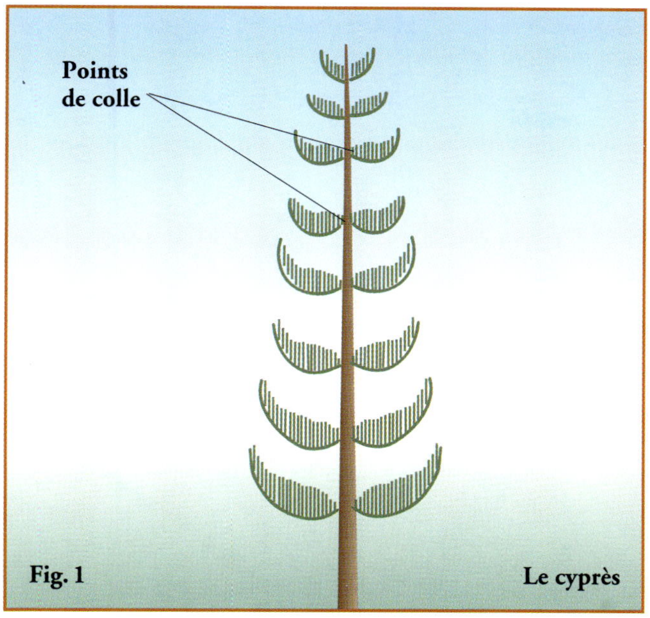

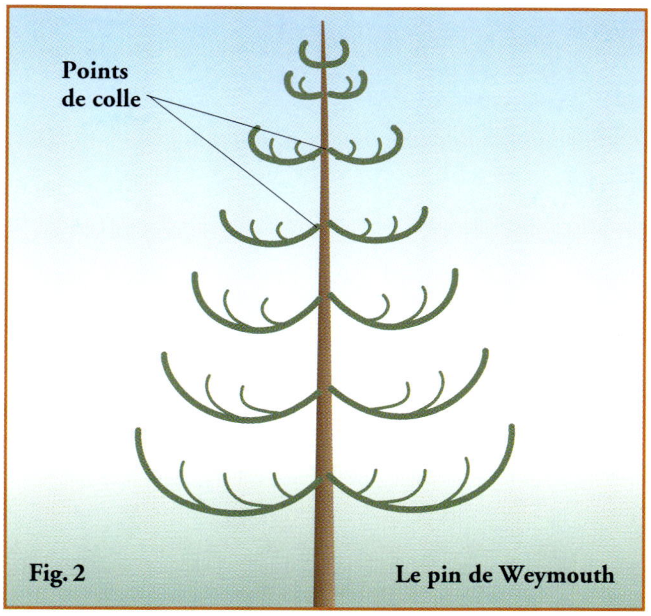

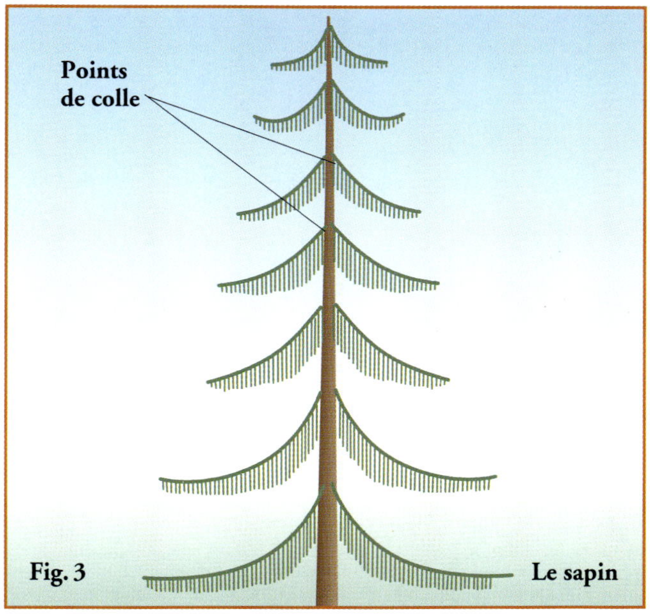

Modèles composés de mousses découpées

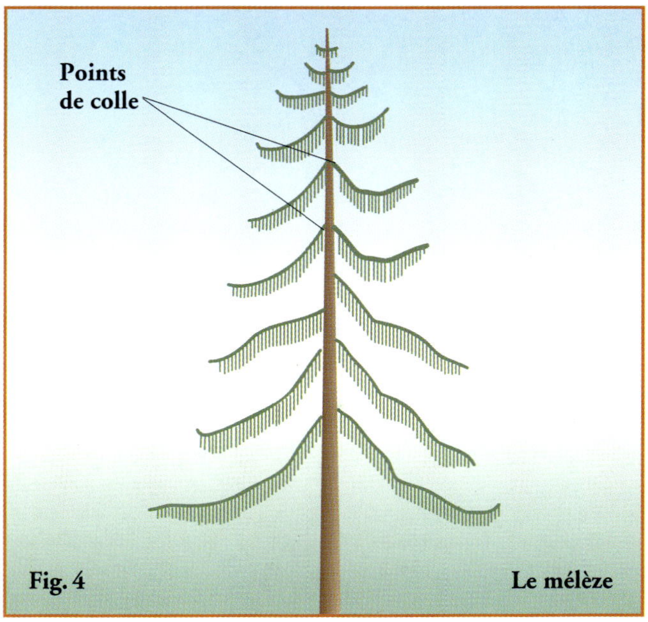

Arbres sur troncs droits non ramifiés
Le positionnement des tiges de mousse est caractéristique à chaque arbre *(fig. 1 à 4)*. Choisissez des tiges de mousse aux tailles décroissantes et enduisez-les à la base d'une petite perle de colle. Fixez-les l'une après l'autre en partant de la base des troncs et en formant des étages végétatifs aux tailles décroissantes sur les 3/4 de la longueur des troncs.

Finition
Formez le panache végétal en garnissant harmonieusement chaque étage.

Fig. 5 *Tronc ramifié prêt à l'assemblage*

Fig. 6 *Assemblage de brins de mousse sur tronc ramifié*

Arbres sur troncs ramifiés

Eclaircissez le branchage en supprimant horizontalement toutes les ramifications secondaires au ras des branches maîtresses *(fig. 5)*.
Garnissez chaque étage de branches, en fixant des tiges de mousse aux tailles décroissantes sur l'extrémité des ramures *(fig. 6)*.

La composition des tableaux

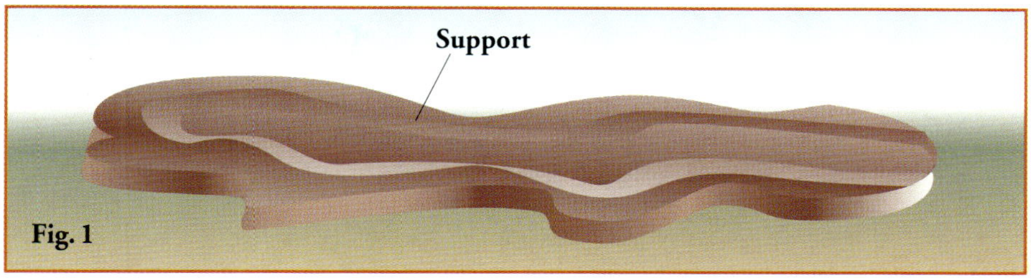

Fig. 1

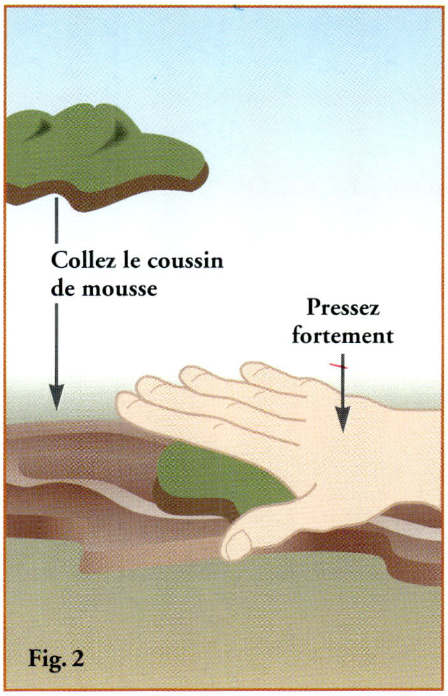

Fig. 2

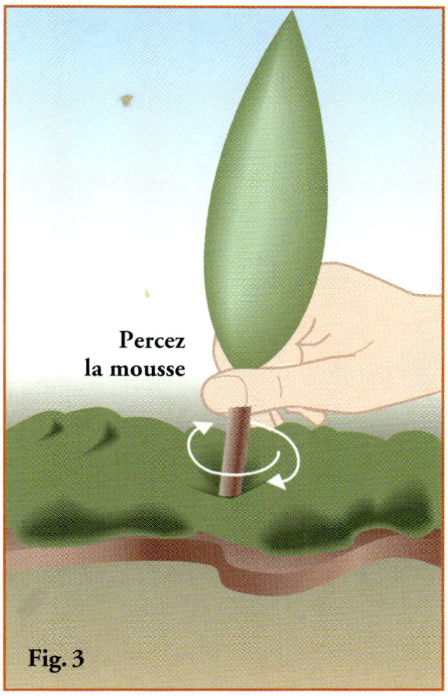

Fig. 3

Fig. 4

Choisissez un morceau d'écorce ou une pierre plate pour le socle *(fig. 1)*.
Fixez un ou plusieurs coussins de mousse compacte et ferme et pressez fortement avec la paume de la main *(fig. 2)*.
Perforez la mousse jusqu'au support, avec la base des troncs, en effectuant une rotation *(fig. 3)*.
Déposez ensuite une grosse perle de colle dans chaque trou obtenu et plantez les arbres sur leur support.
Bloquez les arbres, en enfonçant au pied de chacun d'eux, deux petits fragments de coussin de mousse compacte et ferme, ou calez les troncs contre des petits cailloux *(fig. 4)*.
Finissez en fixant par de petites perles de colle, des coussinets de mousse ou de lichen pour former la végétation buissonneuse.

Chapitre I

Modèles composés de coussinets de mousse ou de lichen denses et compacts

Les cyprès

Dimensions du support
25 × 12 cm.

Hauteur des arbres
19, 21 et 23 cm.

- *La végétation des arbres*
Prélevez trois petits tapis de mousse dense et souple aux tailles décroissantes.

- *Les troncs*
Choisissez trois brindilles mortes, résistantes et droites aux tailles décroissantes.

- *La plantation des arbres et la formation de la végétation herbeuse*
Prélevez un épais coussin de mousse compacte très ferme.

- *Les buissons*
Choisissez trois à cinq lichens aux formes buissonneuses et aux tailles décroissantes.

Cyprès et pin parasol

Dimensions du support
22 × 12 cm.
Hauteur des arbres
18 et 21 cm.

- *La végétation du cyprès*
Choisissez un tapis de mousse à petite végétation compacte et souple.

- *La végétation du pin parasol*
Prélevez deux coussinets de mousse compacte et ferme aux tailles décroissantes.

- *Les troncs*
Choisissez une brindille résistante et droite pour celui du cyprès. Pour celui du pin parasol, choisissez un vieux tronc mort formé de deux branches maîtresses bien ramifiées.

- *La plantation des arbres et la formation de la végétation herbeuse*
Choisissez un ou plusieurs coussinets de mousse, compacts et fermes.

- *La végétation buissonneuse*
Choisissez trois à cinq lichens aux tailles décroissantes.

Le pin sylvestre

Dimensions du support de forme triangulaire
20 × 10 cm.

Hauteur de l'arbre
17 cm.

- *La végétation de l'arbre*
  Prélevez une dizaine de coussinets très denses, parmi les espèces de mousse à végétation tapissante.

- *Le tronc*
  Choisissez un petit tronc dont les branches maîtresses sont disposées en étages décroissants.

- *La plantation des arbres et la formation de la végétation herbeuse*
  Prélevez un ou plusieurs coussinets de mousse compacte et ferme.

- *La végétation buissonneuse*
  Prélevez quelques coussinets de mousse ou de lichen aux couleurs contrastées.

- *Les rochers*
  Choisissez des petits éclats de pierre ou des écorces.

La savane

Dimensions du support
30 × 13 cm.
Hauteur des arbres
17 et 15 cm.

- *La végétation des arbres*
Choisissez des lichens à végétation rampante et buissonneuse.

- *Les troncs*
Choisissez deux petits troncs formés de plusieurs branches maîtresses.

- *La végétation herbeuse*
Prélevez un tapis de mousse aux tiges semi-longues et non ramifiées.

- *La végétation buissonneuse*
Prélevez quelques coussinets de mousse de couleur sombre.

- *Les rochers*
Choisissez des cailloux de couleur ocre.

Paysage nordique

Dimensions du support
25 × 12 cm.
Hauteur de l'arbre
20 cm.

- *La végétation de l'arbre*
Prélevez des lichens à végétation souple et buissonneuse.

- *Le tronc*
Choisissez un tronc ramifié de plusieurs branches maîtresses.

- *La végétation buissonneuse*
Prélevez des coussinets de mousse aux tiges non ramifiées et des lichens à végétation rampante et buissonneuse.

- *Les rochers*
Utilisez des écorces.

- *La rivière*
Disposez du coton et des petits cailloux.

Paysage de Chine

Dimensions du support
25 × 11 cm.
Hauteur de l'arbre
12 cm.

- *La végétation de l'arbre*
Prélevez des coussinets de lichen à végétation tapissante et aux tailles décroissantes.

- *Le tronc*
Choisissez un tronc ramifié de plusieurs branches maîtresses.

- *La végétation herbeuse*
Prélevez deux coussinets de mousse compacte et ferme.

- *La végétation buissonneuse*
Prélevez des coussinets de lichen aux formes herbeuses et buissonneuses.

- *Les rochers*
Utilisez des écorces peu épaisses.

L'été en Provence

Dimensions du support
40 × 30 cm.

Hauteur des arbres
les cyprès : 14 et 17 cm.
les pins : 10 et 15 cm.
le chêne vert : 12 cm.

● *Les cyprès*
Prélevez deux tapis de mousse compacte et souple et deux petites brindilles droites.

● *Les pins*
Choisissez des coussinets de mousse compacte et ferme et deux petits troncs formés de plusieurs branches maîtresses à la cime.

● *Les chêne vert*
Prélevez des coussinets de lichen compacts et fermes, ainsi qu'un petit tronc ramifié à la cime.

● *Le relief montagneux*
Il est constitué de pierres ou d'écorces de tailles décroissantes.

● *Les parterres fleuris*
Prélevez parmi une dizaine d'espèces de mousses et de lichens, plusieurs coussinets à petite végétation compacte et ferme.

● *Le mas*
C'est un morceau de cyporex sculpté et teinté, ou à défaut, utilisez tout matériau à modeler tel que largile ou la pâte à modeler.

Chapitre II

Modèles composés de tiges de mousse teinte

Le cyprès

Dimensions du support
25 × 6 cm.

Hauteur de l'arbre
27 cm.

- *La végétation de l'arbre*
  Prélevez trois grosses poignées de longues tiges de mousse bien feuillues, parmi les plus gros coussins d'Hylocomium splendens, où à défaut choisissez tout autre espèce de mousse à végétation similaire.

- *La teinture des mousses*
  Utilisez du vert tendre au vert sombre et bleuté.

- *Le tronc*
  Choisissez une brindille morte, résistante et droite.

- *La végétation du sol*
  Prélevez des petits fragments de mousse ou de lichen à petite végétation rampante.

- *La fixation du tronc et la formation des rochers*
  Choisissez des petites pierres ou des écorces.

Le pin de Weymouth

Dimensions du support de forme circulaire
15 × 15 cm.

Hauteur de l'arbre
25 cm.

● *La végétation de l'arbre*
Prélevez deux grosses poignées de longues tiges de mousse bien ramifiées, parmi les plus gros coussins d'Abietinella abietina, ou à défaut choisissez tout autre espèce de mousse à végétation similaire.

● *La teinture de la mousse*
Utilisez du vert sombre au vert bleuté.

● *La végétation herbeuse*
Prélevez un coussin de mousse compacte et ferme.

● *Le tronc de l'arbre*
Choisissez une brindille morte, résistante et droite.

● *Les buissons*
Prélevez des lichens à végétation buissonneuse.

● *Le rocher*
Disposez une petite pierre ou des écorces.

Le sapin

Dimensions du support
25 × 11 cm.
Hauteur de l'arbre
25 cm.

● *La végétation de l'arbre*
Prélevez deux grosses poignées de longues tiges d'Hylocomium splendens, ou à défaut choisissez toute autre espèce de mousse à végétation similaire.

● *La teinture des mousses*
Utilisez du vert sombre au vert bleuté.

● *Le tronc*
Choisissez une brindille morte, résistante et droite.

● *La fixation de l'arbre et la formation des berges du ruisseau*
Prélevez des coussinets de mousse ou de lichen compacts et fermes.

● *Les buissons*
Choisissez des lichens à végétation buissonneuse.

● *Le rocher*
Disposez une petite pierre ou de l'écorce d'arbre.

Erable et pin blanc du Japon

Dimensions du support
25 × 10 cm.
Hauteur des arbres
17 et 14 cm.

- *La végétation des arbres*
Prélevez une poignée de tiges de mousse d'Hylocomium Splendens pour l'érable et une poignée d'Abietinella abietina pour le pin, ou à défaut choisissez toute autre espèce de mousse à végétation similaire.

- *Les troncs*
Choisissez deux petits troncs ramifiés de plusieurs branches maîtresses.

- *La teinture des mousses*
Utilisez pour l'érable du vert tendre au vert sombre en été, du rose au rouge en automne ; pour le pin, du vert tendre au vert sombre.

- *La végétation du sol*
Prélevez une dizaine de lichens à végétation buissonneuse.

Le mélèze

Dimensions du support
17 × 10 cm.

Hauteur de l'arbre
23 cm.

- *La végétation de l'arbre*
Prélevez deux grosses poignées de longues tiges d'Eurhynchium striatum, ou à défaut choisissez toute autre espèce de mousse à végétation similaire.

- *La teinture des mousses*
Utilisez du vert tendre en été et du jaune d'or en automne.

- *Le tronc*
Choisissez une brindille résistante et droite

- *La végétation du sol*
Prélevez des coussinets de mousse et de lichens aux couleurs variées et contrastées.

- *Le rocher*
Utilisez de l'écorce ou une petite pierre.

Erable en automne

Dimensions du support
20 × 10 cm.
Hauteur de l'arbre
22 cm.

● *La végétation de l'arbre*
Prélevez deux grosses poignées de tiges de mousse d'Hylocomium splendens ou à défaut toute autre espèce de mousse à végétation similaire.

● *Le tronc*
Choisissez un petit tronc mort dont les branches maîtresses sont disposées en étages décroissants.

● *La teinture des mousses*
Utilisez du vert tendre au vert sombre en été ; du rose au rouge profond en automne.

● *La végétation du sol*
Prélevez un tapis de mousse très ferme et quelques lichens à végétation buissonneuse.

● *Les rochers*
Disposez des petits cailloux ou de l'écorce.

Le pin d'Alep

Dimensions du support de forme circulaire
15 × 15 cm.
Hauteur de l'arbre
20 cm.

● *La végétation de l'arbre*
Prélevez deux grosses poignées de tiges de mousse d'Abeitinella abietina, ou à défaut toute autre espèce de mousse à végétation similaire.

● *Le tronc*
Choisissez un vieux tronc divisé à la cime en plusieurs branches maîtresses.

● *La teinture des mousses*
Utilisez du vert clair au vert tendre.

● *La végétation du sol*
Prélevez un épais tapis de mousse très ferme et quelques lichens à végétation buissonneuse.

Tamaris au bord de l'eau

Dimensions du support
25 × 10 cm.
Hauteur de l'arbre
15 cm.

● *La végétation de l'arbre*
Prélevez deux grosses poignées de longues tiges de mousse d'Hylocomium splendens, ou à défaut choisissez toute autre espèce de mousse à végétation similaire.

● *Les troncs*
Choisissez un tronc ramifié à la cime et un vieux tronc tordu non ramifié.

● *La teinture des mousses*
Utilisez du rose carmin au rose sale.

● *La végétation du sol*
Choisissez une dizaine de lichens à végétation buissonneuse.

● *La femme chinoise*
Prenez un morceau de liège sculpté ou à défaut utilisez tout matériau à modeler tel que l'argile ou la pâte à modeler.

L'automne en Provence

Dimensions du support
25 × 10 cm.

Hauteur des arbres
15 × 11 cm.

- *La végétation des arbres, des buissons et de la vigne*

Prélevez trois grosses poignées de tiges de mousse d'Hylocomium splendens, ou à défaut choisissez toute autre espèce de mousse à végétation similaire.

- *Les troncs*

Choisissez un petit tronc droit pour le cyprès et un petit tronc ramifié à la cime pour le pin.

- *La teinture des mousses*

Utilisez du vert, du jaune et du rouge.

- *La réalisation du mas*

Prenez un morceau de Cyporex sculpté et teinté, ou à défaut tout matériau à modeler tel que l'argile ou la pâte à modeler.

L'oasis

Dimensions du support
25 × 12 cm.
Hauteur des arbres
12 et 10 cm.

- *La végétation des arbres et des buissons*
Prélevez une grosse poignée de longues tiges de mousse d'Hylocomium splendens, ou à défaut choisissez toute autre espèce de mousse à végétation similaire.

- *La teinture des mousses*
Utilisez du jaune au vert sombre.

- *Les troncs*
Prélevez des petites ramifications de branches de pin ou de sapin.

- *Le relief montagneux*
Utilisez de petits éclats de schiste peu épais ou des petites chutes de bois.

- *La maison*
Prenez un morceau de Cyporex sculpté ou à défaut utilisez tout matériau à modeler tel que l'argile ou la pâte à modeler.

- *La teinture de la maison et du relief montagneux*
Recherchez des terres argileuses dans les tons ocre, ou utilisez de la gouache.

Le refuge montagnard

Dimensions du support
27 × 12 cm.
Hauteur des arbres
10 cm.

- *La végétation des arbres*
Prélevez deux poignées de tiges de mousse d'Abeitinella abietina et une poignée d'Hylocomium splendens, ou à défaut choisissez toute autre espèce de mousse à végétation similaire.

- *La teinture des arbres*
Utilisez du vert tendre au vert sombre.

- *Le chemin*
Il est fait avec des mousses décolorées.

- *La végétation herbeuse*
Choisissez un fin tapis de mousse très ferme.

- *La partie rocheuse*
Choisissez une pierre ou une écorce ayant des formes et des aspects caverneux.

- *Le refuge*
C'est un morceau de Cyporex sculpté.
Pour la toiture et les pierres apparentes, utilisez de fines feuilles d'ardoise ou de petits fragments de feuilles mortes très sombre.
A défaut, utilisez tout matériau à modeler, tel que l'argile ou la pâte à modeler.

- *Les piquets de clôture*
Ce sont des allumettes.

Paysage des Cévennes

Culture en terrasse

Dimensions du support
33 × 15 cm.
Hauteur des arbres
deux de 12 cm, un de 10 cm et un de 8 cm

- *La végétation des arbres*
Prélevez deux poignées de tiges de mousse d'Hylocomium splendens et une poignée d'Abeitinella abietina. A défaut, choisissez toute autre espèce de mousse à végétation similaire.

- *La teinture des mousses*
Utilisez du vert tendre au vert bleuté.

- *Les troncs*
Choisissez trois brindilles résistantes et droites de tailles décroissantes et un petit tronc formé de longues branches maîtresses en étage décroissant.

- *La végétation herbeuse*
Choisissez un fin tapis de mousse à petite végétation rampante.

- *La composition des murs et des terrasses*
Prélevez de fins tapis de mousse et de lichen en mélange et aux couleurs contrastées.

- *Les buissons*
Choisissez des lichens à végétation buissonneuse.

- *La maison*
Sa construction est expliquée en page 10.

- *La terrasse cultivée et le chemin*
Ils sont fait de terre argileuse ocre.

La chaumière normande

Dimensions du support
25 × 11 cm
Hauteur des arbres
13 cm.

La végétation des arbres
Prélevez deux poignées de tiges de mousse d'Hylocomium splendens, à défaut choisissez toute autre espèce de mousse à végétation similaire.

La teinture des mousses
Utilisez tous les tons automnals.

Les troncs
Choisissez trois petits troncs ramifiés.

La végétation herbeuse
Choisissez un tapis de mousse à petite végétation rampante.

Le chemin
Il est fait de tiges de mousse non ramifiées et décolorées.

La chaumière
Sa construction est expliquée en page 11.

Les iris
Ce sont des petites tiges de mousse.